# Mitologia dos Orixás Africanos
## História, Cultura e Religiosidade

**CIP — BRASIL. CATALOGAÇÃO NA PUBLICAÇÃO**
**SINDICATO NACIONAL DOS EDITORES DE LIVROS, RJ**

M67m

Martins, Giovani

Mitologia dos orixás africanos : história, cultura e religiosidade afrobrasileira / Giovani Martins. — 1. ed. — São Paulo : Ícone, 2018.

96 p. : il. ; 21 cm.

Inclui índice

ISBN 978-85-274-1309-1

1. Negros — Brasil — Religião. 2. Cultos afro-brasileiros. 3. Brasil — Religião. I. Título.

18-50157

CDD: 299.670981
CDU: 299.6(81)

04/06/2018    11/06/2018

### Giovani Martins

*Especialistas em Estudos Afrobrasileiros. Escritor, pesquisador e palestrante coaching. Geógrafo licenciado e pós-graduado pela universidade federal de Santa Catarina.*

# Mitologia dos Orixás Africanos
## História, Cultura e Religiosidade

Ícone editora

© Copyright 2018
Ícone Editora Ltda.

**Capa**
Regina Paula Tiezzi

**Imagens**
Acervo do Autor

**Revisão Ortográfica**
Fabricia Carpinelli

**Diagramação Gráfica**
Regina Paula Tiezzi

Proibida a reprodução total ou parcial desta obra, de qualquer forma ou meio eletrônico, mecânico, inclusive através de processos xerográficos, sem permissão do editor (Lei nº 9.610/98).

Todos os direitos reservados pela
**ÍCONE EDITORA LTDA.**
Rua Javaés, 589 – Bom Retiro
CEP: 01130-010 – São Paulo/SP
Fone/Fax: (11) 3392-7771
www.iconeeditora.com.br
iconevendas@iconeeditora.com.br

# SUMÁRIO

Apresentação ......................................................... 7

### Parte I

**1. Sociedades Africanas** .................................... 11

1.1. Introdução à História Africana ..................... 13

1.2. A Sociedade Iorubá .................................... 17

1.3. A Escravidão no Brasil ................................ 23

1.4. Religião e o Negro no Brasil ........................ 27

1.5. Surgimento do Candomblé ......................... 30

1.6. Mitologia dos Orixás Africanos .................. 36

### Parte II

**2. Mitos e Lendas Iorubás** ............................. 42

2.1. Oxalá e o Mito da Criação da Terra ............. 44

2.2. Iemanjá Corre para os Braços de Olocum ........ 47

2.3. Xangô é Escolhido como Rei de Oió ................. 50

2.4. Nanã Torna-se Esposa de Oxalufã .................... 53

2.5. Oxóssi Aprende com seu Irmão Ogum ............ 56

2.6. Oxum Livra a Terra da Seca ............................. 59

2.7. Ogum e o Segredo do Ferro .............................. 62

2.8. Iansã Sopra a Forja de Ogum e Cria o Vento ... 65

2.9. Omulu Cura Todas as Doenças .......................... 68

2.10. Exu Mensageiro das Encruzilhadas ................ 71

**Referências Bibliográficas** ......................................... 75

**Anexo: Imolè (Orixás)** ................................................ 77

**Pequeno Glossário Afro-religioso** ........................... 83

# APRESENTAÇÃO

*Mitologia dos Orixás Africanos* é um livro paradidático, voltado para alunos e professores do Ensino Fundamental e Médio, e demais interessados pelo rico universo mítico comum à cultura e religiosidade afrobrasileira.

Em sua primeira parte, da **ênfase** aos aspectos históricos envolvendo também questões geográficas, culturais e principalmente o aspecto religioso, comum e ainda presente nas sociedades africanas contemporâneas. Com foco específico à África Ocidental, as informações contidas na obra, enfatizam os reinos sudaneses dando destaque à Sociedade Iorubá da qual nos foi legada, via oralidade, a rica mitologia iorubana. Nessa porção da África subsaariana, encontra-se a gênese mítica dos Orixás cultuados no Brasil. Cultos mantidos também no continente africano e difundidos no Brasil nas Comunidades Tradicionais de Terreiros a exemplo dos Candomblés Cariocas, Paulistas e principalmente Baianos.

Na segunda parte do livro, o aspecto mitológico é destaque, na medida em que são elencados alguns

Deuses Orixás, apresentados através de imagens, arquétipos e principalmente narrativas míticas legadas via oralidade pelos atuais sacerdotes e/ou sacerdotisas que se encontram à frente dos chamados Terreiros de Candomblés.

**O Autor**

# Parte I

# 1

# SOCIEDADES AFRICANAS

"Houve um tempo em que os Orixás viviam do outro lado do oceano. Mas depois tiveram que vir para o lado de cá, para acompanhar seus filhos que foram trazidos como escravos."

Reginaldo Prandi

Ao longo da história ocidental, os africanos foram conquistados, escravizados, inferiorizados e estigmatizados. Relegado a condição de inferioridade, durante a Idade Média, especialmente amparada pelos conceitos cristãos medievais, ganhou impulso a associação da cor negra ao pecado. Dessa forma reafirmava-se a condição de seres primitivos e, de certa forma, segundo a visão cristã, associados aos demônios. Tal menosprezo ganhou força e expansão quando dos primeiros contatos entre brancos europeus e negros africanos adoradores de divindades. De certa forma, a religiosidade africana afrontava as ideologias introduzidas pela religião cristã europeia.

Mesmo não estando dentro dos padrões europeus e considerados como grupos inferiores, as sociedades africanas possuíam uma rica diversidade cultural, artística e principalmente religiosa. Ao contrário do que afirmavam as ideologias europeias, o continente africano foi, de fato, uma área complexa com rica diversidade histórica. Em diversas regiões do continente africano foram encontrados vestígios da pré-história, a exemplo de lanças, arcos, flechas entre outros objetos. Esses itens achados na porção setentrional do continente o coloca em situação de avanço, em se tratando de atividades de caça e coleta destinadas à produção de alimentos. Diferente da região meridional do continente, onde a agricultura só se difundiu no início da Era Cristã.

Na região meridional, denominada África Subsaariana, encontrava-se a raça melano-africana. O domínio dessa raça compreende a maior parte da região meridional. Encontram-se aí cinco grupos: **sudanês** (zona das pradarias e savanas que se estende entre a floresta equatorial e o Saara, do Senegal, a Kordofan), **guineense** (ao longo do Golfo da Guiné), **congolesa** (na grande floresta equatorial que ela ultrapassa ao sul, ao longo dos afluentes do Congo), **nilótica** (na zona dos pântanos e das pradarias da confluência do Bahrel-Ghazal com o Nilo, entre Khartum, ao norte, e o Lago Vitória, ao sul) e **zambeziana** (os povos negros que vivem ao sul do antigo Congo Belga, entre Angola e o antigo sudoeste africano alemão, a oeste, e o Oceano Índico a leste).

## Mapa Antigo do Continente Africano

Fonte: Disponível em: <http://etc.usf.edu>.

Dentro do grupo sudanês destacam-se os **iorubás**, foco principal do livro e responsáveis diretos pelo "culto ao Orixá".

### 1.1. Introdução à História Africana

Entre os reinos africanos mais antigos, dois merecem destaque: **Egito**, formado no final do quarto milênio antes de Cristo até 525 a.C. quando foi dominado pelos Persas, e **Cartago**, derrotado nas chamadas Guerras Púnicas (264 a 146 a.C.). Outros reinos africanos antigos também foram importantes na história do continente. São eles: **Axum**, **Núbia**, **Kush**, **Ghana** (Gana), **Mali**, **Congo** e **Benin**.

**Axum** — desempenha um importante papel na história da África Oriental. A fundação do reino serviu de base para a construção de um império. No século IV, conquistaram o reino de Méroe, então em decadência. Assim foi se edificando um império constituído por ricas terras cultivadas do norte da Etiópia, o Sudão e a Arábia Meridional, incluindo todos os povos que ocupavam as regiões situadas ao sul dos limites do império romano, entre o Saara, a oeste, e o deserto de Rub al-Khali, no centro da Arábia, a leste. Entre 183 e 213, o rei axumita Gadara e seu filho teriam sido os soberanos mais poderosos da Arábia Meridional. A invasão persa na Arábia (572) iria pôr fim às conquistas dos axumita na península e a toda política de expansão islâmica que isolaria o reino de Axum do império bizantino.

**Núbia** — o vale do rio Nilo não só estimulou o contato do Egito com a Núbia como também serviu de ligação entre as antigas civilizações que se desenvolveram na bacia do Mediterrâneo e a África Negra. A Núbia é considerada a parte da bacia do Nilo que se estende da fronteira oeste-noroeste da atual Etiópia até o Egito, constituindo uma rica área onde se encontravam importantes elementos de diversas civilizações não somente da África, mas também da Ásia e da Europa Mediterrânea. As populações da Núbia adotavam a cultura oral e estruturavam-se em pequenas unidades. A Núbia fazia contraste com o Egito principalmente nas questões voltadas à escrita e organização altamente centralizada dos egípcios. Sob o Médio Império, a Núbia foi ocupada pelos egípcios. Com a ocupação, os nativos adotaram a religião egípcia.

**Kush** — o reino de Kush floresceu durante o chamado Segundo Período Intermediário da História Egípcia. Shabaka (713 a.C.) submeteu ao império de Kush todo o Vale do Nilo até o Delta e foi considerado pelos compiladores das listas de reis do Egito o fundador da vigésima quinta dinastia. A expansão dos kushitas ocasionou um choque com os assírios. Outro fato marcante para Kush foi a fracassada tentativa de invadir o Egito. Em face ao poderio dos exércitos assírios equipados de armas de ferro, os kushitas retiraram-se para o sul, mantendo a capital em Napata, ao pé da montanha sagrada de Djebel Barkal. No auge do seu poderio entre aproximadamente 300 a.C. e 200 d.C., os kushitas dominaram a maior parte das parcelas do norte e do centro do Sudão.

**Ghana** — o reino formado por volta do século IV marcou também a história do continente africano, principalmente por controlar a rota comercial transaariana. Mas o controle comercial de Ghana não se limitava à parte oeste, até o Oceano Atlântico. Das regiões limítrofes da nascente do Níger, ao sul, provinha o ouro que tornara Ghana a "terra de ouro", sendo a grande quantidade do ouro proveniente de Wangara, ao sul da capital de Ghana. Em Wangara, o ouro era fundido a partir de minério existente a pouca profundidade e também lavado nos rios. Durante a Idade Média e até a descoberta da América, o principal fornecedor de ouro do mundo mediterrâneo era Ghana. O comércio de sal, procedente das salinas saarianas, também era controlado por Ghana, além do cobre saariano, manufaturas do norte da África e escravos. Com o fim do domínio de Gana, o Reino de Mali passa a influenciar e controlar as rotas comerciais saarianas.

**Mali** — foi na região do Alto Níger, entre o povo Malinké (Mandinga ou Mande), que se originou um dos maiores estados da história da África: reino de Mali. O apogeu do Império Mali ocorreu no reinado de Mansa Musa (1312-1337). Mansa Musa, ou Kankan Mussa, foi um dos soberanos negros mais brilhantes, principalmente por sua inteligência, vigor e luxo (fausto). O imperador do Mali amava o fausto por acreditar na possibilidade de tornar seu império um dos mais ricos e pomposos do continente.

Ainda no século XIV, em razão de frequentes invasões e saques, o reino de Mali foi sobrepujado por outro, chamado reino de Songhai, que da mesma forma se enfraquece com os ataques sofridos pelos povos do norte africano e dos portugueses interessados pelo ouro e várias outras mercadorias do comércio regional.

**Congo** — Quando os portugueses descobriram o estuário do Zaire (Congo) em 1482, entram em contato com um importante estado africano denominado reino do Congo. A capital, na época da chegada dos portugueses, situava-se em Mbanzacongo, onde hoje se encontra São Salvador, em Angola. O reino teria sido fundado no início do século XV por chefes ferreiros. O núcleo do reino localizava-se ao sul do estuário do Congo. Ao sul do Congo, na atual parte ocidental e central de Angola, situava-se também o reino dos Quimbundos e o reino de Ndongo[1].

---

(1)	No reino de Ndongo, o rei tinha o título de Ngola, expressão que deu origem ao nome Angola.

### Mapa Antigo da África Central

Fonte: Disponível em: <www.cpires.com/docs/africa>.

**Benin** — do século XV ao século XIX, mesmo sob os ataques islâmicos e europeus, inúmeras foram as unidades políticas africanas que floresceram no continente. Entre elas, destaca-se o reino de Benin, área de captura de cativos por vizinhos rivais, que os passavam aos europeus para o comércio com o atlântico. Mais detalhes sobre Benin serão apresentados no capítulo seguinte (1.2. A Sociedade Iorubá).

### 1.2. A Sociedade Iorubá

Há milhares de anos, na área ao sul, a sudeste e sudoeste dos rios Níger e Benué, habitavam inúmeros povos oriundos da família linguística "níger-congo", dentre eles o grupo linguístico iorubano. Esses povos organizavam-se com base na linhagem, constituída pela família extensa com um antepassado comum. O conjunto de várias linhagens formava a aldeia, que tinha um chefe como representante político, eleito entre os mais velhos, geralmente descendente do fundador da comunidade. A união das pequenas aldeias formava um miniestado, sem um poder centralizador. Com o passar do tempo esses miniestados expandiram o comércio, novos grupos foram fixados, aumentando o número de habitantes e o poder de seu chefe, dando origem a uma cidade-estado. Das inúmeras cidades-estados destacava-se **Ifé**[2], por ser um centro religioso que recebia tributos e congregava outros miniestados. Esses miniestados acreditavam na existência de um ancestral comum, o rei Odudua.

Das inúmeras versões para explicar a origem de Ifé, a mais comum relata que o rei Odudua teria sido filho de um dos reis de Meca e o grande fundador do reino de **Ilê Ifé**, depois de perseguido e expulso da sua cidade natal por rejeitar o islamismo. Além de Ifé, outros reinos também constituíam a sociedade Iorubá, a exemplo de Oió, Akure, Irê, Ondo, Ijexá, Benin entre outros.

Benin era um dos miniestados de **edos**[3]. Esse miniestado tinha um chefe que representava a unidade de várias comunidades administrativas pelas linhagens, associações de titulados e grupos de idade. Diz a tradição que Benin foi consagrada reino a partir da indicação do rei de Ifé Odudua no início do século

---

(2)     Há indícios arqueológicos que Ifé foi formada desde o século VI, por pequenas aldeias agrícolas de modesto comércio.
(3)     Área ocupada pelos povos que habitavam há milhares de anos, a região de florestas a oeste do rio Níger.

XIV. No Benin, os anciões reuniam-se nos santuários em homenagem aos ancestrais e ao mesmo tempo definiam as questões voltadas à expansão territorial e domínio de novas terras. A importância de Benin para a sociedade Iorubá se dá no fato de ter sido um importante ponto de encontro de mercadores que utilizavam os cauris[4] como moedas.

> *No final do século XV, Oió já era um grande reino com influência sobre diversas cidades-estados, como Igobon, Ajasse-Ipo e Iresa, obtida por meio da guerra ou em troca de proteção dos ataques dos nupes e baribas. Além da importância comercial, Oió era grande especialista em trabalhos em couro. A organização política baseava-se na linhagem patrilinear. Cada linhagem formava uma comunidade de moradias delimitadas fisicamente por muros. O conjunto de várias comunidades compunha uma espécie de bairro com um chefe. O cargo de rei, provavelmente, era em parte controlado pelos chefes das linhagens mais importantes, que o elegiam. O rei (alafim) tinha um poder sagrado, originário dos Orixás, aos quais se uniria depois de morto. Possuía vários escravos (muitos dos quais eunucos) e seu exército era comandado por soldados profissionais. Era também quem administrava a justiça, somente ele determinava a pena de morte. (MATTOS, 2012, p. 40)

No final do século XVII, o império de Oió abrangia grande parte da Nigéria, do lado oeste do rio Níger, a norte da floresta, assim como a maior parte da

---

(4)    No Brasil, os cauris são conhecidos como búzios.

região dos bosques esparsos do Daomé (atual Benin), no Golfo de Benim. O poder de Oió manteve-se por mais de cem anos.

O império aumentou a preeminência da riqueza adquirida através do comércio e da posse de uma poderosa cavalaria. Foi, sem sombra de dúvidas, o estado mais importante politicamente na região de meados século XVII ao final do século XVIII. Com forte domínio em áreas hoje pertencentes a países como Nigéria, República do Benin e Togo.

No início do século XIX, Oió já havia decaído muito em se tratando de questões geopolíticas. Muitas cidades ficaram independes. Enquanto o reino decaia, os territórios iorubas passaram a ser cada vez mais cobiçados. Nesta época registra uma grande entrada de iorubas no Brasil.

Ainda sobre a sociedade Iorubá, primitivamente parece que o rei era designado para um período de sete anos, septênio que podia ser renovado por mais um período, porém sujeito ao conselho de anciãos denominado **Ogboni** (senado de notáveis). Relatos históricos falam que o conselho de anciãos, formado por "velhos ou notáveis", decidiam o tempo de permanência do rei. Caso as faculdades físicas e/ou metais do rei diminuíssem, o conselho fazia-lhe a entrega de uma taça que continha ovos de papagaio, comunicando-lhe que devia se suicidar, evitando a tirania, a arbitrariedade e a ambição.

Vejamos no texto ilustrativo a seguir, a formação da Nação Iorubá a partir de alguns descendentes de Olafin Odudua, Rei de Ilê-Ifé:

**Nação Iorubá**[5]: *Uma Princesa filha de Odùduwà, se casou com um sacerdote, e foi mãe de Ajíbósìn, que se tornou o Olówu de* **Òwu**. *Alákétu de Kétu, filho de Odùduwà com Omonide, uma de suas esposas Oluwunku se casou com Paluku e foram então os pais de Sopasan, o qual fundou num vale do monte* **Òkè-Oyan**, *a primeira cidade dos Kétu, que se chamou Arò-Kétu. O sétimo Alákétu, o Oba Ede, transferiu sua corte da então capital do reino, Arò-Kétu para uma que fundou à atual cidade de Kétu, hoje na República do Benin. Obaàbínín da cidade do Benin, inicia a linhagem dos Oba no Benin. Aláàfin dos Oyó funda a cidade após a conquista da cidade do Benin. Oyó se tornou um grande Reino e mais tarde, um poderoso Império formado por:* **Àjàlekè**: *Aláké dos* **Ègbá**; *Ajíbógun: Owá Obókun das terras de Ilesa — Ijesa; Obàlùfan Aláyémore: Olùfan de Ifan;* **Àjàpondà**: *Déji de* **Àkúré**; *Olúgbórógan: Awùjalè das terras de* **Ìjèbu**; *Obaràdà: Um Reino, hoje na República do Benin; Onínàná: Um Reino, hoje na República de Gana; Ogbè: Ajèro de* **Ìjero**. *O clã dos Ido, das terras de* **Ègbádò**, *hoje parte destas cidades como Pobé, Saketé e Ajase (Porto Novo) estão na República do Benin. E Soropàsán terra dos* **Ìgbómínà**. (Fonte: Disponível em: <http://egbease-elempe.webnode.com.br>)

---

(5)    No texto "Nação Iorubá", algumas palavras serão apresentadas obedecendo à escrita iorubá a exemplo de Odùduwà (Odudua).

## Mapa Antigo do Golfo de Benim

Fonte: Disponível em: <http://thenewsmongers.com/home/>.

O povo iorubá foi o único povo negro que efetivamente organizou-se em grandes cidades, o único cuja realização política teve uma base urbana.

Um dos principais legados iorubanos e até hoje presente nas Comunidades Tradicionais de Terreiros no Brasil é o culto aos Orixás. Foram os negros nagôs que efetivamente trouxeram para o Brasil a divinização dos elementos naturais, dos fenômenos meteorológicos, traçando um forte paralelo entre a tradição oral e os dados históricos que embasam a mítica responsável pelo culto as divindades do panteão africano.

## 1.3. A Escravidão no Brasil

O sistema escravocrata trouxe para o Brasil aproximadamente quatro milhões de africanos, considerados a força motriz da nação. No início do século XVI, com a introdução da cana-de-açúcar na América portuguesa, dava-se início oficialmente a escravidão africana no continente americano. Relações comerciais com áreas ocidentais da África, a exemplo do Golfo de Guiné e Angola, foram decisivas para a entrada de negros africanos não só na América do Sul, com ênfase ao Brasil, mas também na América Central e posteriormente parte meridional da América do Norte.

O trabalho escravo nas Américas reforçava a acumulação de capital por meio da transferência de renda gerada nas colônias para a metrópole. No caso do Brasil colonial, não muito diferente das demais colônias americanas, a produção estava voltada para mercadorias com grande interesse nas sociedades europeias, a exemplo do açúcar, do algodão, do tabaco, entre outros produtos agrícolas de exportação. Visando ao mercado europeu, o ritmo de produção nas colônias exigia um número cada vez maior de mão de obra escrava, fator determinante para a grande concentração de negros nas áreas agrícolas.

O século XVI registrou um número aproximado de 800 mil a 1,3 milhão de escravos trazidos para a América via rotas do Atlântico. Nos séculos seguintes, com o aumento da produção e consequente exportação, o número de escravos superou a marca de sete milhões, número esse que representava 70% do total das exportações de escravos da África. Partindo de fontes informais, os dados numéricos registraram, somente no século XVIII, cerca de 60 mil escravos por ano.

Mantendo a visão histórica em relação ao sistema escravocrata, é importante ressaltar que a escravidão já existia no continente africano, por conta das inúmeras guerras tribais. Na realidade, a escravidão não foi iniciada pelos europeus, mas como forma integrada ao sistema colonial de garantir uma produção em larga escala para abastecer o mercado europeu. O tráfico mercantil liderado por Portugal e depois pelo Brasil cumpriu o papel de expandir o sistema escravocrata em larga escala no oceano Atlântico.

> *Perversidade intrínseca: escravos eram adquiridos pelos traficantes em troca de mercadorias produzidas pela força de trabalho escrava". Eram embarcados entre 200 e 600 negros na África, a cada viagem. Vinham amarrados por correntes e separados por sexo. Sofriam, além do desconforto físico, falta de água e doenças. No século XIX, dos que vinham de Angola, 10% morriam na travessia, que demorava de 35 a 50 dias.* (PINSKY, 1988)

Felipe Van Deursen, em seu artigo intitulado *Povo Marcado*, publicado no *site* Guia do Estudante, descreve a forma como chegavam os negros escravizados no Brasil. Com riqueza de detalhes, relata o período de quarentena pelo qual eram submetidos, evitando mais perdas por doenças. Ainda em seus relatos enfatiza o período de engorda, a aplicação de óleo de palma na pele para esconder feridas. Os exercícios também faziam parte do método utilizado para minimizar ou mesmo esconder a fadiga, atrofia muscular e a artrose. Após o período de quarentena, é que os negros eram levados para os mercados de vendas localizados em algumas cidades. Relatos da época em que eram realizadas as vendas de escravos enfatizam alguns problemas de ordem pública. Muitos mercadores literalmente jogavam, em terrenos próximos às áreas de comércio, inúmeros cadáveres, causando sérios problemas de saúde pública. Em 1815, um juiz ordenou que aterrassem um terreno localizado nas imediações da Gamboa, região central do Rio de Janeiro, proibindo, dessa forma, a prática comum, na época, de jogarem cadáveres em terrenos baldios.

Outra prática comum adotada aos negros escravizados era a marca na pele feita a ferro quente. Dom Manuel, rei de Portugal no século XVI, foi um dos primeiros a adotar esse sistema doloroso de identificação com os escravos da coroa.

Marcados pelo ferro, pela dor e literalmente arrancados de sua "pátria mãe", os negros, mesmo alforriados, mantinham-se "presos" aos maus-tratos e à insignificância imposta pela sociedade branca. A margem da sociedade, os negros alforriados conduziam suas vidas dentro de uma concepção marginal no que se refere ao espaço socioeconômico.

No cenário posterior à Abolição surgiram tentativas de estabelecer novas relações de trabalho para esse grande contingente "liberto". O jornalista Felipe Van Deursen, em um de seus artigos sobre os negros alforriados, cita a seguinte frase do escritor Ubiratan Castro de Araújo: "O fim da escravidão era uma possibilidade de recomeço" (GUIA DO ESTUDANTE, 2009).

Ubiratan Castro de Araújo fundamenta sua afirmativa na criação de um escritório destinado a intermediar contratos entre os negros libertos e novos patrões.

De fato, o Brasil foi o país de maior e mais longa escravidão urbana conhecida na história, afirma a historiadora Kátia de Queirós Mattoso. Em seu livro *Ser Escravo no Brasil*, ela relata que nas cidades, os escravos tinham mais independência em relação aos demais escravizados em atividades rurais.

> *"Ele[6] circulava nas ruas, estabelecia vínculos com os homens livres humildes. Havia mais chances de encontrar membros da mesma etnia, em festas e confrarias religiosas realizadas em praça pública, e a presença do senhor era menos opressiva."* (MATTOSO, 2003)

A compra da alforria na cidade era "mais fácil", diferente das áreas produtoras agrícolas que impunham um ritmo de trabalho forçado, chegando à exaustão, motivo pelo qual, eram comuns as fugas legitimando um ato na época punido severamente. De fato, a mão de obra escrava era a força motriz que impulsionava a economia brasileira da época.

Pelo imenso território brasileiro, as formas de tratamentos em relação aos escravos tinham fortes variantes. Os "escravos do açúcar" tinham penalidades mais severas, a exemplo do chicote, das máscaras de flandres, do tronco entre outras punições motivadas pela baixa produção e/ou insubordinações. As áreas mineradoras possibilitavam maior mobilidade e prin-

---

(6)     Kátia de Queirós Mattoso, referindo-se ao escravo urbano.

cipalmente acesso à alforria. Uma única pepita de ouro podia comprar a liberdade.

Em 1888, o Brasil efetivamente torna-se o último país do ocidente a abolir a escravidão, motivo pelo qual, em 14 de dezembro de 1890, o então ministro da Fazenda, Rui Barbosa, mandou queimar todos os registros de posse e movimentação patrimonial envolvendo todos os escravos. Como justificativa, alegou estar apagando a "mancha" da escravidão do passado brasileiro.

## 1.4. Religião e o Negro no Brasil

Ao chegarem ao Brasil, os negros escravizados passaram a conviver com diversos grupos sociais a exemplo dos portugueses, crioulos, indígenas e outros negros também escravizados, originários de diferentes partes do continente africano. Nesse diverso cenário étnico cultural, passaram pelo processo de aculturamento, buscando, como maneira de sobrevivência, estabelecer relações com seus pares de cor e origem, construindo ao longo do período de escravidão, e posterior a ele, formas práticas de convivência pacífica. Como estratégia político-social, integraram as irmandades católicas, criaram as redes étnico-sociais, hoje denominadas Candomblés, e deixaram como legado o que hoje chamamos de cultura e religiosidade afro-brasileira.

Com relação ao aspecto religioso, importantes pilares sustentaram e ainda sustentam a religiosidade afrobrasileira. Calundus, rituais fúnebres, candomblés, irmandades religiosas de negros e descendentes, sincretismo entre outras tantas manifestações ajudaram a diversificar o universo plural de cultos afro-religiosos.

As práticas denominadas calundus[7] eram comuns entre os negros bantos. Os adeptos chamados de curandeiros possuíam grande influência sobre a comunidade, pois eram considerados importantes líderes religiosos (MATTOS, ). Os calundus adquiriam seus conhecimentos a partir de informações repassadas oralmente pelos antecessores, também curandeiros africanos. Os poucos registros sobre as atividades dos curandeiros afirmam que suas práticas curativas misturavam técnicas trazidas pelos africanos com o uso de ervas/plantas utilizadas nas aldeias indígenas.

> *Para muitos africanos que estavam no Brasil, o calundu ou curandeirismo, além de ser uma oportunidade de expressar suas visões de mundo e crenças religiosas, era uma forma de luta e de resistência ao sistema escravista, uma tentativa de retomarem o que consideravam importante e que haviam perdido com a escravidão e a diáspora.* (MATTOS, 2012)

Na cultura banto, os espíritos dos ancestrais eram reverenciados e cultuados como seres intermediários entre os seres humanos e o Ser Supremo conhecido por Zambi, criador de todo o universo. Aos antepassados ancestrais eram oferecidas oferendas e homenagens como forma de agradecimento ou pedido de proteção.

---

(7) Práticas de curandeirismo e uso de ervas com a ajuda de métodos de adivinhação e possessão.

Geralmente, as oferendas e/ou homenagens eram realizadas na natureza: rios, cachoeiras, matas, etc.

Partindo da referência ancestral, onde os espíritos eram vistos como mediadores e protetores de seu clã, a morte para os negros era vista como rito de passagem. Por conta disso, recebia uma atenção especial. Com a criação das irmandades religiosas de negros libertos, os enterros passaram a receber apoio financeiro, introduzindo, aos poucos, práticas fúnebres comuns aos brancos católicos. O uso de mortalha, o número de missas a serem realizadas e os locais para sepultamento foram aos poucos introduzidos.

Os sepultamentos dos negros eram realizados no período noturno, possibilitando a participação dos ainda escravizados. A cor branca na confecção da mortalha dos negros era outro aspecto relevante, por ser mais barata em relação à mortalha de cor preta, era também a cor fúnebre utilizada por alguns grupos étnicos como nagôs e jejes.

No livro *A religião e o negro no Brasil*, José Bertazzo descreve de forma ímpar a submissão e o tratamento impessoal empregado aos escravos durante o período de escravidão.

> *Não se podia conceder-lhe direitos. Aí vemos a sistemática tentativa de descaracterização da cultura negra vinda para o Brasil e a imposição de normas e hábitos que impunham uma visão de mundo favorável à exploração. Isso é lógico, depois que o chicote e o sofrimento já tinham se tornado o primeiro argumento para a submissão do escravo. Depois de tentar convencer o negro de sua inferioridade e representar a África*

*como lugar de perdição, razão pela qual os escravos, seres inferiores, deviam agradecer pela oportunidade de padecer um sofrimento, mas em favor de um bem eterno; depois de tentar convencê-los de que a escravidão era um mal menor do que a existência em meio à selvageria; os brancos, depois de discutir entre si quanto a existência ou não da alma dos africanos, partiram para a agressão mais íntima ao tentar impor aos escravos uma religião totalmente nova.* (BERTAZZO, 1989)

Na obra citada anteriormente, a adequação dos escravos diante da nova religião imposta se deu de forma sutil e inteligente. Quando parecia aceitar a imposição de práticas religiosas por parte dos dominadores, na realidade adaptava-as à sua cultura e mantinha viva, através destas, a lembrança de sua origem e de seu mundo. De fato, a religião cumpre o papel de resistência ante a opressão moral e cultural que acompanhava o sistema de escravidão, que aniquilava a pessoa em detrimento ao valor mercantil pelo qual eram negociados.

## 1.5. SURGIMENTO DO CANDOMBLÉ

Segundo relatos históricos, foi em 1830, na cidade de São Salvador — Estado da Bahia, que algumas escravas[8] libertas teriam tomado a iniciativa de criar

---

(8)     Pertencentes à Irmandade de Nossa Senhora da Boa Morte da Igreja da Barroquinha.

o primeiro[9] Terreiro de Candomblé, denominado *Iyá Omi* Àse *Aira Intilè*. Na época, localizado numa casa na Ladeira do Bercô, hoje Rua Visconde de Itaparica, próxima à Igreja da Barroquinha.

### "Água de Oxalá" Rito Afrobrasileiro

Fonte: Disponível em: <www.apenasbahia.blogger.com.br>.

No continente africano, cultos aos Orixás, da forma como passou a ser praticado nos Terreiros de Candomblé, não existiam. Os que existiam na África eram cultos tribais, ou seja, cada região africana cul-

---

(9) A primeira casa de Candomblé Banto, chamada de Raiz do Tumbensi, considerada como uma das mais antigas da Bahia, foi fundada por Roberto Barros Reis (Tata Kimbanda Kinunga) por volta de 1850.

tuava um Orixá e só inicia elegun ou pessoa daquele Orixá. Portanto, a palavra Candomblé foi uma forma de denominar as reuniões para cultuar os deuses Orixás.

A palavra Candomblé possui dois importantes significados: Candomblé seria uma modificação fonética de "Candonbé", um tipo de atabaque usado pelos negros de Angola; ou, ainda, viria de "Candonbidé", que quer dizer "ato de louvar, pedir por alguém ou por alguma coisa". Como forma complementar de culto, a palavra Candomblé passou a definir o modelo de cada tribo ou região africana, a exemplo do Candomblé da Nação Ketu, Candomblé da Nação Angola, Candomblé da Nação Jeje entre outros.

A palavra "Nação" não define especificamente uma nação política, pois Nação Jeje não existia em termos políticos. O que é chamado de Nação Jeje é o Candomblé formado pelos povos vindos da região do Dahomé e formado pelos povos Mahin.

Hoje, a palavra Candomblé define no Brasil o que chamamos de culto afro-brasileiro, ou seja: *"Uma Cultura Africana em Solo Brasileiro"*.

O candomblé é uma religião panteísta. Esse termo é muito importante para compreensão do Candomblé, pois, "panteísmo" significa "Toda Crença em Deus" (do grego *Pan + Theo*). O termo sustenta a ideia de que em tudo há um único Deus. Um Deus que está em tudo, onipresente. Também, a ideia politeísta de — vários Deuses representando diversos elementares da natureza. Quando existe uma relação harmoniosa do conceito politeísta com a ideia que define um Deus supremo que vive em tudo, pode-se afirmar que essa relação é a principal característica do "panteísmo".

Os adeptos do Candomblé são considerados panteístas, pois, na doutrina, existe um Deus supremo e também outros que estão correlacionados aos elementares da natureza, do universo em geral.

Os Deuses do Candomblé são genericamente chamados de Orixás. Genuinamente brasileiro, o Candomblé é uma religião cujo país de ascendência tem seus adeptos generalizados como "povo do santo".

No Candomblé, as mulheres desempenham um papel especial de liderança nesta tradição. Detentoras do conhecimento ancestral de sua raça, elas transmitiam e transmitem até hoje os conhecimentos e preceitos sagrados. O conhecimento sagrado é transmitido para suas filhas e filhos, quer de sangue quer de "santo" (Orixá), visando à continuidade da tradição e preservando a identidade cultural e espiritual do seu povo.

No Brasil, o Candomblé atua como uma comunidade solidária e unida pelo serviço aos Orixás, e muitos mantêm entidades filantrópicas de assistência a crianças carentes e outros serviços sociais.

O Candomblé não está presente apenas no Brasil. Existem outros países tais como, Espanha, Portugal, Itália, Alemanha, México, Panamá, Colômbia, Venezuela, Argentina e Uruguai — que abrigam esta religião. No século XVI, as tribos africanas, ainda na África — cultuavam de forma singular um único Orixá. A junção de todos esses Orixás se deu aqui no Brasil com a entrada de escravos de diferentes tribos para o mesmo local.

Desde seu início, em 1549, passando pela Abolição da Escravatura em 1888, até os dias de hoje, o Candomblé vem resistindo ao preconceito e à "força do tempo". Propõe uma infinidade de mutações temporais.

O Candomblé possui adeptos de várias partes do Brasil, das mais diversas classes sociais. Aproximadamente, três milhões de brasileiros frequentam o Candomblé — espalhado por dezenas de milhares de Terreiros, também chamados de Barracões.

Só na cidade de Salvador/BA existem aproximadamente 2.300 terreiros registrados na Federação Baiana de Cultos Afrobrasileiros e catalogados pelo Centro de Estudos Afro-Orientais da UFBA.

Devido a inúmeras parecenças, o Candomblé é muitas vezes confundido com Umbanda, Macumba e/ou Omoloko — que são religiões brasileiras, e também religiões americanas, tais como Vodou Haitiano, Santeria Cubana e o Obeah — em Trinidad e Tobago.

Com o passar do tempo, o Candomblé se espalhou por diversas partes do Brasil e, devido à soma de fatores históricos, culturais e sociológicos, surgem então as chamadas Nações, verdadeiras ramificações do Candomblé. Essas ramificações são conhecidas como: Nagô, Ioruba, Ketu, Efan, Ijexá, Jeje, Xambá entre outras. Seus fundamentos são muito parecidos, mas há muita diferença entre essas nações, devido aos ocorridos históricos.

Com essas culturas, o Candomblé se tornou uma religião muito vasta e muito rica, principalmente em se tratando de mitologias. Entretanto, nessas mitologias, podem-se observar algo em comum. Os Deuses, independentemente do nome que recebem, sempre são criados por um Deus Maior e Supremo.

No Candomblé em geral, observa-se também uma hierarquia para a organização e melhor execução dos ritos. Existem os Sacerdotes, os Ogãs e outras funções, geralmente associadas à organização social. Ao contrário do que muitos pensam, não é errado dizer que o Candomblé é uma religião monoteísta, uma vez que, nessa tradição, o Deus Supremo é apenas um. Mas também não é errado dizer que é uma religião politeísta devido ao fato de ser panteísta.

### Ritual de Iniciação Afroreligioso

Fonte: Fotografia de José Medeiros/Acervo IMS.

As diferentes nações possuem autonomia em suas ritualísticas. Devido ao sincretismo religioso, muitos interpretam o Deus Católico como o mesmo Deus do Candomblé.

Para o culto às forças da natureza (Orixás, Nkisis e Voduns), observa-se uma série de fundamentos, sempre na linhagem da devoção materializada paralela a fé. Geralmente são cânticos, oferendas de animais e vegetais, vestimentas especiais e danças. Os cultos estão sempre baseados na comunicação do homem com a natureza.

## 1.6. MITOLOGIA DOS ORIXÁS AFRICANOS

Entende-se por mitologia o estudo dos mitos e lendas de uma determinada cultura, constituindo um sistema de crenças e religiões. Os mitos são geralmente histórias baseadas em tradições e lendas dos povos antigos, repassadas para as gerações futuras com o objetivo de explicar a criação do mundo, os fenômenos naturais e demais situações que não tinham até então uma explicação científica. Entre as mitologias mais conhecidas destacam-se a(s): **grega, romana, asteca, indígena, indiana, africana** entre outras.

> *Os mitos estabelecem uma distinção radical dentro do espaço e criam com isso um campo propício ao nascimento de um mundo e de uma cultura. A primeira distinção espacial, afirma Cassirer, que é sempre representada nas mais complexas formações míticas e sempre mais sublime é a distinção de dois campos de ser:*

*um, o campo do ser ordinário, acessível a todos;
o outro o do ser excepcional que, enquanto
campo do sagrado, aparece separado, fechado e
protegido daquilo que o circunda, espaço apro-
priado às coisas comuns, devassável e aberto
a todos, é o espaço profano. O espaço sagrado,
ao contrário, é reservado, convenientemente a
um lugar só, ou a uma localização significativa.*
(CRIPPA, 1975)

Na mitologia iorubá africana, conforme legado mantido pela oralidade há um Deus Supremo, denominado Olorum, o grande criador que governa o Mundo e os Orixás, divindades criadas por ele para regerem e controlarem as forças da natureza.

Os Orixás são considerados Deuses munidos de força pura e imaterial. E se "apresentam" aos seres humanos em situações que envolvam ritos específicos. Segundo a mitologia, as pessoas escolhidas pelos Orixás são, na maioria das vezes, ligadas à descendência familiar ou étnica e são chamadas de eleguns, ou seja, veículos que permitem aos Orixás "voltarem" a Terra para saudar e receber de seus descendentes as oferendas, os sacrifícios de animais e outras homenagens.

O culto aos Orixás parece simples, porém não podem ser esquecidas as complexidades inerentes a esse amplo panteão de Deuses, que ao longo da história africana e posteriormente brasileira, passaram por adaptações e amálgamas oriundas da miscigenação ocorrida entre vários grupos étnicos. Devido à miscigenação entre os diversos povos africanos, principalmente aqui no Brasil, não existe um censo comum em relação ao número exato de divindades que formem o panteão africano dos Orixás (VERGER, Orixás, 1981).

Na mitologia Iorubá[10], os Orixás foram criados por um Deus supremo chamado Olorum ou Olodumare. *"Kosi Oba Kan Afi Olorun"* — Não Há Outro Rei Senão Olorun.

O culto sagrado dos nagôs (iorubás), dentre os outros povos que aportaram nas Américas, foi o que mais se sobressaiu pela beleza ritualística e riqueza simbólica do seu panteão mítico. Foi a tradição espiritual que permaneceu mais preservada desde a diáspora africana até o novo mundo rumo ao infame trabalho escravo. O culto aos Orixás, Deuses iorubas, nasceu na Nigéria, Dahomé e Togo. Nas Antilhas, Cuba e no Brasil este culto permanece vivo, e apesar do sincretismo e dos preconceitos raciais, sociais e religiosos, conseguiu sobrepujar sanções e opressões institucionais pela força mágica e mística da tradição.

Os mitos, as lendas e definições dos Orixás podem variar de região para região, mas todas as narrativas coincidem quanto à fé na atuação deles como divindades administradoras do equilíbrio e da preservação da vida no mundo terrestre. Divindades que estão encarregadas pelo Princípio Supremo, Olodumare, da manutenção de sua criação no Ilê, o mundo natural, e constituem a energia emanada da e pela Mãe-Terra para o Cosmo e vice-versa.

Alguns seres, devido às suas qualidades morais e habilidades, podem se tornar orixás; nesses casos,

---

(10)    Na Mitologia Banto, os Nkisis foram criados por um Deus chamado Zambiapongo, também conhecido como Zambi.

geralmente escolhem um descendente como veículo para se manifestar. No Brasil, o culto é prestado a 16 Orixás prioritários; segundo os iorubás, eles são os diferentes aspectos da divindade única. Alguns deles, excepcionalmente, podem ser manifestações desses primordiais e ter sido seres humanos que atingiram o estado divino em vida, e por amor retornam para ajudar sua família e comunidade.

A religião dos Orixás é um culto às forças cósmicas e telúricas; é uma forma de culto familiar e comunitário. Embora seja basicamente uma religião tribal e da natureza, também reverencia os espíritos dos ancestrais que por suas qualidades morais foram divinizados e integrados às hierarquias de elementais que constituem as energias do planeta, possuindo por isso um axé (força mágica) poderoso. É uma religião de aceitação e tolerância, onde não existem preconceitos, dogmas, proselitismo ou doutrinação.

Para os iorubás, acima dos Orixás está Olodumare, o Deus supremo, que paira sobre tudo e todos e contém em si mesmo tudo e todos. Esse deus representa o poder infinito do universo; é inacessível e está muito além da compreensão humana. Não é cultuado nem incorpora nos adeptos, mas é o mais respeitado, pois é o criador inacessível de tudo que existe, inclusive dos orixás.

Quando resolveu criar a humanidade, Olodumare criou primeiro os Orixás e a eles confiou a supervisão de sua obra. Portanto, para chegar a Olodumare é aos Orixás que os homens devem recorrer reverenciar e dirigir suas preces e oferendas. Olorum é o nome dado ao governante do "Orun", que é uma dimensão intermediária entre o universo superior de Olodumare e a Terra (Ilê). Orun é um lugar muito sagrado e reverenciado porque é lá que habitam as almas dos mortos. No Orun, as almas aguardam a hora de voltar periodicamente ao mundo dos vivos para renascer.

Para os iorubás, tanto a vida quanto a morte são etapas sagradas e ao oferecer sacrifícios aos seus Orixás eles consagram tanto a Terra quanto o céu, afirmando essa crença. Eles acreditam que os animais imolados e ofertados durante o sacrifício têm a oportunidade de evoluir como energia consciente.

Em síntese, podemos afirmar que os mitos que descrevem a criação do mundo nas religiões brasileiras de raízes africanas são numerosos. E na maioria das vezes contraditórios quando comparados uns aos outros. É comum encontrarmos informações similares, mas as divergências marcam as contradições. Por isso, ao estudarmos a mitologia dos Deuses Orixás africanos, nos deparamos com universo rico, contraditório e fascinante sob o ponto de vista étnico cultural.

# Parte II

# 2

# MITOS E LENDAS IORUBÁS

"Antigamente, os Orixás eram homens. Homens que se tornaram Orixás por causa de seus poderes. Homens que se tornaram Orixás por causa de sua sabedoria. Eles eram respeitados por causa de sua força, eles eram venerados por causa de suas virtudes. Nós adoramos sua memória e os altos feitos que realizaram. Foi assim que esses homens tornaram-se Orixás. Esses homens eram numerosos sobre a terra. Antigamente, assim como hoje, muitos deles não eram valentes nem sábios. A memória destes não se perpetuou e eles foram completamente esquecidos; não se tornaram Orixás. Em cada vila, um culto se estabeleceu sobre a lembrança de um ancestral de prestígio e lendas foram transmitidas de geração em geração para render-lhes homenagem."

Pierre Fatumbi Verger

## 2.1. Oxalá e o Mito da Criação da Terra

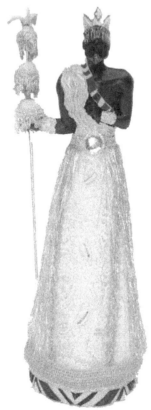

Obra do artista plástico Camasi Guimarães
Fonte: Acervo do autor.

No começo, não existia separação entre Céu (Orum) e o Terra (Aiê). No Orum vivia Olorum o Ser Supremo e todos os Orixás. Os Orixás, quando podiam, desciam para "brincar" na imensidão pantanosa que era a Terra. Diz a lenda que desciam por meio de teias penduradas no vazio, pois não havia litosfera e tão pouco os seres humanos. Um dia, Olorum chamou seu filho Oxalá solicitando que criasse a terra firme. Para auxiliar na criação, lhe entregou uma concha marinha com terra, uma pomba e uma galinha. Orixalá, como era chamado por Olorum, desceu ao pântano e foi espalhando a terra. Por cima da terra colocou a pomba e a galinha para ciscarem. Aos poucos, a terra foi sendo espalhada, consolidando-se por toda parte. Oxalá voltou até Orum e comunicou ao pai o cumprimento da missão, mas Olorum, temeroso, enviou um camaleão para confirmar a realização da tarefa. Ao voltar, o camaleão relatou que a terra ainda não estava totalmente solidificada. Olorum então manda que o camaleão verifique novamente para confirmar a informação. Na segunda inspeção, verificou que a consolidação havia de fato ocorrida. Assim, Olorum mandou Oxalá de volta à Terra para dar continuidade ao processo de criação do mundo acompanhado por Odudua, a quem ficou conferida a missão de povoar. Então, Odudua criou a cidade de Ifé, que quer dizer ampla morada. Foi em Ifé, durante uma semana de quatro dias, que o povo iorubá surgiu sob os desígnios de Oxalá e Odudua.

**Dia:** Sexta-feira;

**Cor:** Branco leitoso;

**Símbolo:** Apaxorô;

**Elementos:** Atmosfera e Céu;

**Domínios:** Poder procriador masculino, criação e vida;

**Saudação**: Epa-Epa Babá!

Oxalá é o detentor do poder procriador masculino. Todas as suas representações incluem o branco. É um dos Orixás responsáveis pela consolidação da Terra e posteriormente criação dos seres humanos, modelando-os. Nos cultos afro-brasileiros, assume duas formas: Oxaguiã, jovem guerreiro, e Oxalufã, velho apoiado num bastão de prata. Oxalá é alheio a toda a violência, disputas, brigas. Gosta de ordem, da limpeza, da pureza. A sua cor é o branco e o seu dia é a sexta-feira. Os seus filhos devem vestir branco neste dia. Pertencem a Oxalá os metais e outras substâncias e/ou líquidos brancos.

Sincretismo[11]: Jesus Cristo Ressuscitado.

---

(11)    Sincretismo é o processo pelo qual os elementos de uma religião são equiparados em outra religião, resultando em uma mudança na natureza ou princípios fundamentais dessas religiões. É a união de duas ou mais crenças opostas, de modo que a forma sintetizada é uma novidade. Nem sempre é uma fusão total, mas pode ser uma combinação de segmentos separados que permanecem identificáveis. Nos cultos afro-brasileiros, o "sincretismo" foi usado como forma de resistência pelos negros nas senzalas, objetivando a manutenção da crença e adoração aos Orixás.

## 2.2. Iemanjá Corre para os Braços de Olocum

Obra do artista plástico Camasi Guimarães
Fonte: Acervo do autor.

Iemanjá tinha dez filhos, frutos de seu casamento com Olofim-Odudua. Mas cansada da vida em Ifé, partiu em fuga para o oeste. Chegando a Abeocutá, conheceu Oquerê, Rei de Xaci. Oquerê ficou encantado com Iemanjá e logo propôs casamento. De pronto Iemanjá concordou, pedindo a Oquerê que nunca fizesse críticas ou comentários pejorativos sobre seus imensos seios. Acordo feito, casou-se com Oquerê e viveram longos anos felizes. Porém, um dia, embriagado, Oquerê fala em alto tom sobre os imensos seios de Iemanjá. Chateada, Iemanjá foge para o mar, ao encontro de sua mãe, Olocum. Para alcançar o mar, Iemanjá quebra uma vasilha, onde escondia uma porção mágica, presente de sua mãe. Ao quebrar a vasilha, surge em sua frente um imenso rio, que a leva para o mar. Oquerê tentou impedir que Iemanjá voltasse ao mar, mandando seu exército buscar a esposa fugitiva. Mas Iemanjá consegue fugir e no mar passa a viver sob os cuidados da mãe Olocum. No mar e no colo de sua mãe, Iemanjá Ataramabá passa a viver com seus irmãos, filhos de Olocum. O tempo passou, e um dia todos os Deuses foram chamados por Olodumare para uma reunião. Iemanjá já havia voltado para a terra e estava em casa preparando um carneiro quando apareceu Legba para avisá-la. Com pressa e medo de se atrasar, e sem nada para oferecer ao grande pai, Iemanjá acaba levando a cabeça do carneiro. Ao ver o presente, Olodumare declarou: "Awoyó orí dorí re"/"Cabeças trazes, cabe serás". Desde então Iemanjá é a senhora das cabeças.

**Dia**: Sábado;

**Cor**: Branco, prata, azul e rosa;

**Símbolo**: Abebê prateado;

**Elementos**: Águas doces que correm para o mar, águas do mar;

**Domínios**: Maternidade (educação), saúde mental e psicológica;

**Saudação**: Erù-Iyá, Odó-Iyá e Odóciaba!

Iemanjá, por presidir à formação da individualidade, que como sabemos está na cabeça, está presente em todos os rituais; **é** a rainha de todas as águas do mundo, seja dos rios, seja do mar. O seu nome deriva da expressão YéYé Omó Ejá, que significa mãe cujo filhos são peixes. Iemanjá é a mãe de todos os filhos, mãe de todo mundo. É ela quem sustenta a humanidade e, por isso, os órgãos que a relacionam com a maternidade, ou seja, a sua vulva e seus seios chorosos, são sagrados. Iemanjá é o espelho do mundo, que reflete todas as diferenças, pois a mãe é sempre um espelho para o filho, um exemplo de conduta.

Sincretismo: Nossa Senhora dos Navegantes.

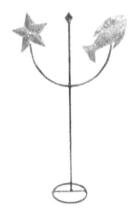

## 2.3. Xangô é Escolhido como Rei de Oió

Obra do artista plástico Camasi Guimarães
Fonte: Acervo do autor.

Antes de se tornar Rei de Oió, Xangô foi consultar o Deus da adivinhação, Orunmilá-Ifá. Ifá lhe disse que fizesse um sacrifício, oferecendo dois galos, duas galinhas e dois pombinhos. Xangô Afonjá deveria incluir na oferenda suas roupas e alguns búzios. Assim, o sacrifício e as oferendas foram entregues. Em comemoração à entrega das oferendas, inúmeras pessoas foram convidadas. Todos se fartaram e cantaram. Beberam, beberam e então se perguntou: A quem devemos consagrar e chamar de nosso Rei? Em resposta se ouvia: Afonjá! E a partir de então, o novo Rei de Oió passou a governar com total apoio da multidão. Xangô foi empossado o grande Rei de Oió. E assim passou a governar com rigor a cidade e todas as terras das redondezas. Por muitas tribos era também chamado de Jacutá, o atirador de pedras. Xangô era muito bem conceituado em seu reino e nos reinos vizinhos, mas queria poder e força para intimidar seus inimigos. Para aumentar seu poder, pediu ajuda aos feiticeiros de Oió, mas não gostou do resultado e então pediu auxílio a Exu. Exu aceitou a tarefa e preparou um pó vermelho que ao ser colocado na boca e em contato com o ar dos pulmões lançava uma imensa labareda. Sem controlar as labaredas, Xangô acabou pondo fogo na cidade, a qual teve de ser reconstruída. Desde então, Xangô passou a controlar o fogo.

**Dia**: Quarta-feira;

**Cores**: Vermelho (ou marrom) e branco;

**Símbolo**: Oxês (machados duplos);

**Elementos**: Fogo (grandes chamas, raios), formações rochosas;

**Domínio**: Poder estatal, justiça, questões jurídicas;

**Saudação**: Kawó Kabiesilé!

Não existe uma hierarquia entre os Orixás, nenhum possui mais axé que o outro, apenas Oxalá, que representa o patriarca da religião e é o orixá mais velho, goza de certa primazia. Contudo, se preciso fosse escolher um orixá todo-poderoso, quem, senão Xangô para assumir esse papel?

Xangô gosta dos desafios, que não raras vezes aparecem nas saudações que lhe fazem seus devotos na África. Porém, o desafio é feito sempre para ratificar o poder de Xangô. É rei entre todos os reis. É o Grande Orixá da justiça.

Sincretismo: São Jerônimo.

## 2.4. Nanã Torna-se Esposa de Oxalufã

Obra do artista plástico Camasi Guimarães
Fonte: Acervo do autor.

Nanã era considerada uma grande justiceira. Todos os problemas eram avaliados por ela, a quem todos respeitavam. Mas a sua imparcialidade era motivo de dúvidas e questionamentos. Muitos homens acreditavam que Nanã protegia as mulheres e punia somente os homens. Tal questionamento se fundava na existência de um quarto, onde Nanã mantinha os espíritos/eguns. Esses eram chamados e ordenados por Nanã a atacarem os homens que maltratavam suas mulheres. Em nome dos maridos atacados e condenados por Nanã, Ogum foi reclamar a Ifá. Como forma de acabar com o problema, Ifá sugeriu um casamento para Nanã. Como pretendente, foi indicado Oxalufã. Chegando à casa de Nanã, Oxalufã foi recebido com muita comida. Oxalufã, muito sábio e conhecendo a firmeza de Nanã, sugeriu que ambos tomassem uma bebida feita de igbins de caracóis. Nanã acabou bebendo omi eró, a água que acalma. Assim, Nanã foi acalmando-se e a cada dia que passava, ia se apaixonando mais por Oxalufã. Um dia, quando Nanã havia saído, Oxalufã se vestiu de mulher e foi ver o quarto onde eram guardados os eguns. Com voz mansa e imitando Nanã, ordenou aos eguns que dali em diante atendessem aos pedidos do homem que vivia na casa dela. Quando voltou para casa, Nanã foi surpreendida com a afirmação de Oxalá, dizendo a ela que também mandava nos espíritos/eguns.

**Dia**: Terça-feira;

**Cores**: Anil, branco e roxo;

**Símbolo**: Bastão de hastes de palmeira (Ibiri);

**Elementos**: Terra, água, lodo;

**Domínios**: Vida e morte, saúde e maternidade;

**Saudação**: Saluba!

Nanã, é o orixá dos mistérios, é uma divindade de origem simultânea à criação do mundo, Senhora de muitos búzios, Nanã sintetiza em si a morte, fecundidade e riqueza. O seu nome designa pessoas idosas e respeitáveis e, para os povos Jeje, da região do antigo Dahomé, significa "mãe". Nanã é o princípio, o meio e o fim; o nascimento, a vida e a morte.

Ela é a origem e o poder.

Entender Nana é entender o destino, a vida e a trajetória do homem sobre a Terra, pois Nanã é a História. Nanã é água parada, água da vida e da morte.

Sincretismo: Nossa Senhora Santana.

## 2.5. Oxóssi Aprende com seu Irmão Ogum

Obra do artista plástico Camasi Guimarães
Fonte: Acervo do autor.

Oxóssi e Ogum foram criados juntos, pois eram irmãos. Ogum tinha pelo irmão um carinho especial. Um dia, quando retornava de uma batalha, encontrou o irmão Oxóssi em um canto sem comida e cercado por muitos inimigos. Revoltado com a cena, lutou contra os inimigos para proteger o irmão e os demais membros da tribo. Por fim, após luta intensa e vitoriosa, sentou ao lado do irmão Oxóssi e o tranquilizou. Ao lado do irmão reforçou o auxílio, dizendo que sempre que fosse preciso, estaria ali, o protegendo contra todos os inimigos. Ogum então ensinou Oxóssi a caçar, a abrir caminhos pelas florestas e matas. Ogum também ensinou Oxóssi a se defender e a cuidar de sua gente. Ogum fez de Oxóssi o provedor. Com total apoio do irmão, Oxóssi se fez respeitar diante de toda tribo. Passaram os tempos e certo dia, Orunmilá informou que precisava de um pássaro raro para fazer um feitiço de Oxum. Ogum e Oxóssi saíram à procura da ave por dentro da mata fechada. Ogum, ao lado de Oxóssi, ia abrindo os caminhos. Dias se passaram e nada. Ao se aproximar do prazo estabelecido por Orunmilá, Oxóssi se depara com a ave, mas percebeu que tinha apenas uma única fecha para acertá-la. Encorajado pelo irmão, Oxóssi mirou a flecha e de forma certeira a atingiu. Ao chegar à aldeia, foi ovacionado por todos e recebido por Ifá com as honras de um Rei. Como forma de gratidão, Orunmilá consagra Oxóssi o Rei de Ketu.

**Dia**: Quinta-feira;

**Cor**: Azul-turquesa, verde e branco;

**Símbolos**: Ofá (arco), damatá (flecha), erukeré;

**Elemento**: Terra (florestas e campos cultiváveis);

**Domínio**: Caça e Agricultura, Alimentação e Fartura;

**Saudação**: Òké Aro! Arolé!

Oxóssi (**Òsóòsi**) é o Orixá caçador, senhor da floresta e de todos os seres que nela habitam. Orixá da fartura e da riqueza. Atualmente, o culto a Oxóssi está praticamente esquecido na África, mas é bastante difundido no Brasil, em Cuba e em outras partes da América.

Oxóssi é o rei de Ketu, segundo dizem, a origem da dinastia. A Oxóssi são conferidos os títulos de Alakétu, Rei, Senhor de Kêtu, e Oníilé, o dono da Terra.

Sincretismo: São Sebastião.

## 2.6. Oxum Livra a Terra da Seca

Obra do artista plástico Camasi Guimarães
Fonte: Acervo do autor.

Uma vez, Olodumare quis castigar os seres humanos, levando toda a água potável para o Orum (Céu). Por falta de água, a terra tornou-se infértil e infecunda. Seres humanos e animais começaram a morrer por sede. Ifá foi consultado para indicar uma solução para o problema. Como solução, sugeriu a realização de um ebó com bolos, ovos, linha preta e linha branca, agulha e um galo. Oxum encarregou-se de levar o ebó ao Céu. Ao longo do caminho, Oxum encontrou Exu e ofereceu-lhe os fios e a agulha. Seguindo seu trajeto, encontrou Obatalá, a quem entregou os ovos. Obatalá ensinou a Oxum o caminho da porta do Céu. Lá chegando, Oxum encontrou algumas crianças e repartiu entre todas elas o bolo que levava. Ao observar as atitudes de Oxum, Olodumare ficou comovido e devolveu para a terra a água que havia retirado. Outra feita, Oxum ficou chateada por ser excluída das reuniões que eram comuns aos Orixás masculinos. Como forma de se vingar, condenou todas as mulheres à esterilidade. Qualquer tentativa dos homens em gerar filhos era fracassada. Alarmados, os homens foram consultar Olodumare, que os aconselhou a convidar Oxum e outras mulheres a participarem das reuniões. Os Orixás seguiram os conselhos de Olodumare e assim a fertilidade voltou a reinar. Desde então, as mulheres passaram a participar de atividades e reuniões ao lado dos homens.

**Dia**: Sábado;

**Cores**: Amarelo ouro;

**Símbolo**: Leque com espelho (Abebê);

**Elemento**: Água doce (rios, cachoeiras, nascentes, lagoas);

**Domínios**: Amor, riqueza, fecundidade e gestação;

**Saudação**: Eri Yéyé ó ou Ora YéYé!

Na Nigéria, mais precisamente em Ijesá, Ijebu e Osogbó, corre calmamente o rio Oxum, a morada da mais bela Iyabá, a rainha de todas as riquezas, a protetora das crianças, a mãe da doçura e da benevolência.

Generosa e digna, Oxum é a rainha de todos os rios e cachoeiras. Vaidosa, é a mais importante entre as mulheres da cidade, ela é a Ialodê. É a dona da fecundidade das mulheres, a dona do grande poder feminino.

Oxum é a deusa mais bela e mais sensual do Candomblé. É a própria vaidade, dengosa e formosa, paciente e bondosa, mãe que amamenta e ama. Uma de suas qualidades vista com mais atenção, revela o zelo de Oxum com seus filhos.

Sincretismo: Nossa Senhora Aparecida.

## 2.7. Ogum e o Segredo do Ferro

Obra do artista plástico Camasi Guimarães
Fonte: Acervo do autor.

Na terra criada por Oxalá, em Ifé, todas as atividades coletivas eram realizadas utilizando-se instrumentos simples, produzidos a partir de madeira, pedra ou mesmo metal mole. Com a população de Ifé aumentando, a produção de alimentos começou a ficar escassa. Com o problema se agravando, os Orixás passaram a buscar meios de ampliar a área agricultável. Para tal, começaram a ampliar a área de cultivo, mas utilizando os mesmos instrumentos rudimentares. Ossaim, Orixá da medicina e das folhas, iniciou a empreitada, mas sem sucesso, pois seu facão era de metal mole. Os demais Orixás da mesma forma também fizeram sua parte, mas com o mesmo insucesso de Ossaim. Ogum observava tudo em silêncio. Olhava para cada Orixá, analisando o comportamento de cada um. Após longa observação, chamou todos os Orixás e apresentou seu facão feito de ferro. Admirados, perguntaram para Ogum como ele havia conseguido metal tão resistente. De pronto, Ogum relatou que havia ganhado de Orunmilá. Com o facão em mãos iniciou o trabalho de agrícola com sucesso e apreço. Por muito tempo os Orixás perguntaram a Ogum o motivo pelo qual Orunmilá havia concedido a ele tal segredo. Mas Ogum resistia e não revelava o segredo. Os Orixás decidiram oferecer a Ogum o reinado em troca do segredo. Ogum aceitou a proposta e repassou o segredo do uso do ferro. Logo depois, os seres humanos também foram até Ogum solicitar que lhes repassasse as técnicas para uso do ferro. Ogum então lhes deu o conhecimento da forja.

**Dia**: Terça-feira;

**Cores**: Verde ou azul-escuro, vermelho (algumas qualidades);

**Símbolos**: Bigorna, faca, pá, enxada e outras ferramentas;

**Elementos**: Terra (florestas e estradas) e fogo;

**Domínios:** Guerra, progresso, conquista e metalurgia;

**Saudação:** Ògún ieé Patokorí!

Ogum é o Orixá do ferro, da metalurgia e da tecnologia; protetor dos ferreiros, agricultores, caçadores, carpinteiros, escultores, sapateiros, talhantes, metalúrgicos, marceneiros, maquinistas, mecânicos, motoristas e de todos os profissionais que de alguma forma lidam com o ferro ou metais afins.

Orixá conquistador, Ogum fez-se respeitar em toda a parte pelo seu carácter empreendedor. Foram muitos os reinos que se curvaram diante do poder bélico de Ogum.

Sincretismo: São Jorge Guerreiro.

## 2.8. Iansã Sopra a Forja de Ogum e Cria o Vento

Obra do artista plástico Camasi Guimarães
Fonte: Acervo do autor.

Oxaguiã travava uma grande guerra contra seus opositores inimigos e precisava de armas. Sabendo que Ogum era um exímio produtor e armas de ferro, solicitou ao amigo uma quantidade significativa de instrumentos bélicos. Ogum atende ao pedido do amigo e começa a produção das armas. O ferreiro Ogum, porém, não consegue cumprir os prazos estabelecidos por Oxaguiã. Oxaguiã então apressa o amigo. Iansã, esposa de Ogum, ao ver a demora do marido em produzir as armas, resolve ajudar. Iansã pôs a soprar o fogo da forja de Ogum. O sopro de Iansã fez avivar a chama e a produção entrou em ritmo acelerado. Logo, Ogum pôde vencer o prazo estabelecido por Oxaguiã. Após vencer a guerra, Oxaguiã vai até a casa de Ogum agradecer pelo trabalho realizado e passa a admirar Iansã. Enamorado por Iansã, Oxaguiã resolve fugir com a esposa de Ogum. Ogum, enfurecido e ao mesmo tempo entristecido, deixa esfriar sua forja. Depois de certo tempo, Oxaguiã volta a guerrear e mais uma vez vai ao encontro de Ogum, solicitando a produção de novas armas. Ogum, não mais ressentido, resolve ajudar o amigo, mas sua forja estava fria. Oxaguiã pede então para Iansã acender a forja de Ogum com seu sopro. Não querendo voltar à cidade de Ogum, Iansã começa a soprar, e, mesmo distante, o sopro de Iansã atravessa fronteiras e alcança a casa de Ogum, acendendo novamente a forja de Ogum.

**Dia**: Quarta-feira;

**Cores**: Marrom, vermelho e rosa;

**Símbolos**: Espada, adaga e eruexim;

**Elementos**: Ar em movimento, qualquer tipo de vento e Fogo;

**Domínios**: Tempestades, Ventanias, Raios e Morte;

**Saudação**: Epahei!

O maior e mais importante rio da Nigéria chama-se Níger, é imponente e atravessa todo o país. Rasgado, espalha-se pelas principais cidades através de seus afluentes. Por esse motivo, tornou-se conhecido com o nome Odò Oya, já que ya, em iorubá, significa rasgar, espalhar. Esse rio é a morada da mulher mais poderosa da África negra, a mãe dos nove filhos, do rio de nove braços, a mãe dos nove, Ìyá Mésàn, Iansã (Yánsàn).

A tempestade é o poder manifesto de Iansã, rainha dos raios, das ventanias, do tempo que se fecha sem chover. Iansã é uma guerreira por vocação, sabe ir à luta e defender o que é seu, a batalha do dia a dia é a sua felicidade. Ela sabe conquistar, seja no fervor das guerras, seja na arte do amor.

Sincretismo: Santa Bárbara.

## 2.9. Omulu Cura Todas as Doenças

Obra do artista plástico Camasi Guimarães
Fonte: Acervo do autor.

Aos doze anos de idade, Omulu saiu de casa na tentativa de se fazer na vida. Por todos os lugares que passava, oferecia seus serviços. Mas, infelizmente, não conseguiu trabalho. Sem emprego e necessitado, começou a pedir esmolas. Mas nem mesmo esmolas Omulu conseguia ganhar. Sua única companhia era um cachorro que não o deixava sozinho. Cansado, Omulu foi viver no mato. Omulu comia o que a mata lhe fornecia: frutas, folhas, raízes, semente, etc. Na floresta, os espinhos feriram Omulu e esse ficou doente com o corpo cheio de chagas. Só o cachorro confortava Omulu, lambendo e limpando-lhe todas as feridas. Uma noite, Omulu escutou uma voz: "Estás pronto! Levanta e vai curar o povo". Ao levantar, Omulu viu que todas as feridas estavam cicatrizadas. Curado, pegou as cabaças que utilizava para guardar água e remédios que aprendera a usar com a floresta, agradeceu a Olorum e partiu. Voltando à aldeia onde nascera, encontrou um clima de pavor. Uma peste estava desimanando seus habitantes. Guarnecido de água e remédios, Omulu passou a tratar os habitantes, trazendo a cura. Ele curava a todos e, ao mesmo tempo, afastou a peste. Como proteção, sugeriu que todos utilizassem uma folha de dracena, o peregum e pintassem a cabeça com efum, ossum e uági, pó branco, pó vermelho e pó azul usados nos rituais e encantamentos. Omulu passou a varrer as doenças com o xaxará. E todos os chamaram de Obaluaê — senhor da Terra.

**Dia**: Segunda-feira;

**Cores**: Preto, branco, amarelo e vermelho;

**Símbolos**: Xaxará;

**Elementos**: Terra e fogo do interior da Terra;

**Domínio**: Doença epidêmica, cura de doenças, saúde, vida e morte;

**Saudação**: Atotô!

Ele é a terra! Essa afirmação resume perfeitamente o perfil deste Orixá, o mais temido entre todos os orixás africanos, o mais terrível Orixá portador da varíola e de todas as doenças contagiosas, o poderoso rei "dono da terra".

São muitos os nomes de Omulu, que variam conforme a região. Entre os Tapas, era conhecido Xapanã (Sànpònná); entre os Fon, era chamado de Sapata-Ainon, que significa "dono da terra"; já os iorubás o chamam Obaluaiê e Omulu.

Sincretismo: São Lázaro.

## 2.10. Exu Mensageiro das Encruzilhadas

Obra do artista plástico Camasi Guimarães
Fonte: Acervo do autor.

Exu era um Orixá que andava pelo mundo sem paradeiro. Certo dia, começou a frequentar a casa de Oxalá. Na casa de Oxalá, Exu se distraía. Muitos vinham visitar Oxalá, mas apenas Exu conseguiu ficar por mais tempo, aproximadamente dezesseis anos.

Exu observava com muita atenção Oxalá modelar os seres humanos. E assim aprendeu a modelar como Oxalá. Dezesseis anos permaneceu ao lado de Oxalá. Sem perguntar nada. Mas prestava muita atenção e aprendeu tudo. Certo dia, Oxalá pediu para Exu ir postar-se na encruzilhada. Sua tarefa era proibir a entrada de todos aqueles que não trouxessem oferendas. Oxalá trabalhava muito e não podia perder tempo recolhendo as oferendas. Exu passou a ajudar Oxalá na tarefa de recolher as oferendas. Exu coletava os ebós para Oxalá. Exu recebia as oferendas e entregava a Oxalá. Exu executava bem suas tarefas e Oxalá resolveu presenteá-lo. Assim, todos aqueles que entregavam oferendas a Oxalá, deveriam também entregar oferendas a Exu. Armado de um ogó, poderoso porrete, afastava os indesejáveis. Exu passou a trabalhar demais e fez da encruzilhada sua casa. Ganhou uma rendosa profissão. Obteve um lugar em área estratégica. Conseguiu status, poder e ficou rico. Rico e poderoso. Ninguém pode mais passar pela encruzilhada sem dar alguma coisa para Exu. Assim, Exu definiu sua missão na Terra, guardando as estradas e protegendo todos os demais Orixás. Passou também a enviar mensagens. Passou a ser mensageiro dos Deuses Orixás.

**Dia**: Segunda-feira;

**Cores**: Preto (ou seja, a fusão das cores primárias) e vermelho;

**Símbolos**: Ogó de forma fálica, falo ereto e tridente;

**Elementos**: Terra e fogo;

**Domínio**: Sexo, magia, união, poder e transformação;

**Saudação**: Laroié!

Exu é a figura mais controversa entre os Orixás, o mais humano dentre eles. É o senhor do princípio e da transformação. Orixá da Terra e do Universo. Na verdade, Exu é a ordem, aquele que se multiplica e se transforma na unidade elementar da existência humana. Exu é o ego de cada ser, o grande companheiro do homem no seu dia a dia e a ligação dos homens com os demais Orixás.

Muitas são as confusões e equívocos relacionados com Exu, o pior deles associa-o à figura do diabo cristão. Pintam-no como um Orixá voltado para a maldade, para a perversidade, que se ocuparia em semear a discórdia entre os seres humanos. Na realidade, Exu contém em si todas as contradições e conflitos inerentes ao ser humano. Exu não é totalmente bom nem totalmente mau, assim como o homem: um ser capaz de amar e odiar, unir e separar, promover a paz e a guerra.

Sincretismo: Santo Antônio.

# REFERÊNCIAS BIBLIOGRÁFICAS

ABIMBOLA, Wandé. *The Yoruba traditional religions in Brazil:* problems and prospects. Ifè Ifê: Universidade of Ifé, 1976.

BERKENBROCK, Volnei J. *A experiência dos orixás.* Petrópolis: Vozes, 1997.

BARBOSA JÚNIOR, Ademir. *Mitologia dos orixás:* lições e aprendizados. São Paulo: Anúbis, 2014.

BASTILDE, Roger. *As religiões africanas no Brasil.* São Paulo: Pioneira, 1985.

BENISTE, José. *Mitos Yorubás:* o outro lado do continente. 7. ed. Rio de Janeiro: Bertrand Brasil, 2014.

BERTAZZO, G. O escravo e a religião. In: AMADO, W. T. Alii. (org.). *A religião e o negro no Brasil.* São Paulo: Loyola, 1989.

CARNEIRO, Edson. *Candomblés da Bahia.* Rio de Janeiro: Conquista, 1961.

CARMO, Gabriela. *Conhecendo os orixás, eguns e outros.* São Paulo: Ícone, 1991.

CARRIL, Lourdes. *Terras de negros:* herança de quilombos. São Paulo: Scipione, 1997.

CHIAVENATO, Júlio José. *O negro no Brasil:* da senzala à abolição. São Paulo: Moderna, 1999.

COSSARD, Gisèle Omindarewá. *Awô:* o mistério dos Orixás. 2. ed. Rio de Janeiro: Pallas, 2011.

GIORDANI, Mário Curtis. *História da África anterior ao descobrimento.* São Paulo: Vozes, 2013.

GOMES, Vera Braga de Souza. *O ritual da umbanda:* fundamentos esotéricos. São Paulo: Tecnoprint, 1989.

GUIA DO ESTUDANTE. Disponível em: <http://guiado estudante.abril.com.br/aventuras-historia/escravos-povo -marcado-491017.shtml>. Acesso em: 11.8.2009.

MARTINS, Giovani. *Umbanda e meio ambiente.* São Paulo: Ícone, 2014.

MATTOS, Regiane Augusto. *História e cultura afro-brasileira.* São Paulo: Contexto, 2012.

MATTOSO, Kátia de Queirós. *Ser escravo no Brasil.* São Paulo: Brasiliense, 2003.

PRANDI, Reginaldo. *Mitologia dos orixás.* São Paulo: Companhia das Letras, 2001.

RIVAS NETO, F. (Arapiága). *Umbanda — o arcano do orixá.* São Paulo: Ícone, 1993.

RODRIGUES Nina. *Os africanos no Brasil.* São Paulo: Nacional; Brasília: Universidade de Brasília, 1988.

SCLIAR, Marcos. *A magia branca da umbanda.* Rio de Janeiro: Pallas, 1992.

*SITE* EGBEASE-ELEMPE. Disponível em: <http://egbease -elempe.webnode.com.br/forma%C3%A7%C3%A3o%20 da%20cultura%20yoruba/>. Acesso em: 26.4.2016.

VERGER, Pierre. *Os libertos.* Salvador: Corrupio, 1992.

VIANNA FILHO, Luis. *O negro na Bahia.* São Paulo: José Olympio, 1946.

# ANEXO: IMOLÈ (ORIXÁS)

Vejamos a seguir um rico material com nomes e características dos Imolè (Orixás) mais cultuados na Tradicional Religião Iorubá. O conteúdo faz parte dos textos informativos disponibilizados no *site* <www.religiaoindigenaioruba.com>, com autoria de Zarcel Carnielli (Ọlọbàtálá Òsàlásínà) e Hérick Lechinski (Ọlọ̀òrìsà Ejòtọlà). Trata-se de um excelente material, com informações detalhadas e dentro de uma ótica de quem efetivamente vive o "Culto ao Orixá".

OLÓDÙMARÈ/OLÓRUN/OLÚWA: Para os iorubás, Olódùmarè é o Deus supremo, não é cultuado com oferendas e nem com sacrifícios, é apenas saudado e exaltado. Dele vem o axé (àse) dos orixás. Cultuamos Olódùmarè, cultuado os Irúnmolè (Divindades).

ILÈ/ONÍLÈ/ÀPÈPÈ-ALÈ: É a Grande Mãe Terra, a Dona da Terra/terra, homenageada (cultuada) para que sempre haja existência, saúde e vida longa. Mãe de Edan.

ÀGBÓ-ÒDÀRÀ/ELÉGBÁRA: Divindade masculina e primordial, guardião da casa de Olódùmarè/Deus, mensageiro entre as Divindades e Senhor do Àse (força vital). Seu culto é indispensável antes de qualquer ritual. Deus da ordem, disciplina e organização, cultuado por seus iniciados e devotos para que aja isso.

OBÀTÁLÁ/OBÀTÁRÌSÀ/GBEGBEKÚNÈGBÈ: Grande divindade, primogênito de Olódùmarè, líder de todos os Funfun (Òrìsà — Divindades da Criação), relacionado à criação do Mundo (Àiyé) e dos seres humanos, cultuado por seus devotos para se ter saúde, longevidade e sabedoria.

ÒDÙ/ODÙLÓGBÒJÉ/ÌYÁ-ELÉHÀÁ: Divindade feminina primordial, representada pelo Igbá Odù (Cabaça de Odù), também chamada de Odùa, é a primeira esposa de Òrúnmìlà, "mãe" de todos os Odù (signos de Ifá). A Iniciação dentro do culto desta Divindade é chamada de Ìpínodù/Ìpanodù. Cultuada assim como Òrúnmìlà, para que aja a correção de um destino negativo, equilíbrio e realizações por parte de seus devotos e iniciados.

ÒRÚNMÌLÀ/IFÁ/ÀGBONMÌRÈGÙN: O Vice de Deus (Olódùmarè), Senhor da sabedoria e do destino, senhor dos oráculos sagrados. Cultuado assim como Ìyá Odùa, para que a pessoa se encontre na vida, conheça seu destino e trilhe por caminhos melhores. A iniciação dentro do culto de Òrúnmìlà chama-se Itefá pode ser realizada por todas as pessoas que desejem a correção de seu destino negativo ou uma vida plena de realização.

YÈMOWÓ: Divindade (Funfun), mulher de Obàtálá, está ligada à menstruação e aos búzios. É cultuada por mulheres que possuam problemas menstruais e para a aquisição de filhos e prosperidades.

ÈLÀ: Em Abéòkúta, Èlà é uma divindade feminina, considerada uma das esposas de Òrúnmìlà, divindade da luz, da paz e da harmonia. Cultuada por seus devotos, para possuir um destino harmônico, próspero e feliz.

ÀPÉRÉ/ORÍ-INÚ/ÌPÍN-ÈDÁ (ORÍ): Divindade primordial. Está relacionado à origem de cada ser. É a Divindade tutelar de cada pessoa. É a Divindade que faz a ligação da pessoa com seus Ancestrais, Divinos e Materiais. Após Èsù, é a primeira Divindade (Irúnmolè) que uma pessoa deve louvar, cultuar e agradecer. TODOS devem propiciar (cultuar) Orí, este Òrìsà é cultuado para equilíbrio TOTAL e REALIZAÇÃO.

ÀJÀLÀ: Òrìsà funfun, divindade também muito ligada a Obàtálá e foi uma das quais também tiveram seu culto esquecido no Brasil, ou então, miscigenado ao de Obàtálá (Oxalá). É uma Divindade que possui seu culto ligado ao da Divindade Orí (Àpéré). Cultuado para trazer equilíbrio mental, emocional e espiritual.

ÒKÈ/OLÓKÈ/AJÍBÍSE: Òrìsà Funfun, Divindade da Montanha, muito ligado a Obàtálá. No Brasil, seu culto foi confundido com o de Obàtálá (Òsàlá) e o de Sàngó, mas é uma divindade totalmente distinta de ambos, com culto próprio. No Brasil, é bastante cultuado no Candomblé de Nação Èfòn. É cultuado para elevação material ou espiritual do homem.

ODÙDÚWÀ: Òrìsà funfun, irmão de Obàtálá e esposo de Ìyá Olókun. Divindade considerada por muitos iorubas como criadora do Mundo (Àiyé), grande Ancestral da humanidade, o patriarca da Civilização Iorubá. Cultuado para que sempre tenhamos boa conduta e vitórias.

OLÓKUN: Divindades dos mares e oceanos, esposa de Odùdúwà e mãe de Yèmoja e Ajésálúgà. No Brasil, teve seu culto esquecido e seus domínios perdidos para Yèmoja, sua filha. Divindade cultuada para que haja felicidade, prosperidade e riqueza.

OLÓSÀ: Divindade dos lagos e lagoas, irmã de Olókun e também sua grande rival. Também foi esposa de Odùdúwà. É cultuada para que haja purificação espiritual.

AJÉSÁLÚGÀ/ÒGÚNGÚNNÍSÒ/ALÁJÉ: Filha de Olókun, divindade das espumas do mar e da riqueza. Proporciona aos seus devotos riquezas em todos os âmbitos.

ÒRÌSÀ OKO (Aja-n-gele): Òrìsà funfun foi um grande caçador. Divindade fálica da fazenda e do inhame. Cultuado para que haja fartura dentro de casa e na vida de seus devotos.

ÌJA: Caçador, irmão mais novo de Ògún, possui os mesmo atributos de Ode Òsóòsì e é cultuado para a mesma finalidade: proteção, fartura e estratégia.

ERINLÈ (Òsòòsin): Grande caçadora, muito poderosa, tem forte ligação com a Magia (Ìyámi) e Òsanyìn. Para muitos, é esposa de Ògún; para outros, de Òsanyìn, e para outros ainda, é esposa de Olóògùn Ede. Ligada aos Elefantes, é protetora das caçadoras. Cultuada para trazer prosperidade e coragem.

OTIN: Caçadora, possui quase os mesmos atributos de Erinlè e proporciona as mesmas bênçãos. É esposa de Ode Òsóòsì.

OLÓÒGÙN EDE: Divindade masculina, o grande Feiticeiro de Ede, filho e mensageiro de Òsun, ligado a Ìyámi. É cultuado para trazer força, sabedoria e dinheiro. Dá aos seus iniciados e devotos o poder do "encantamento".

ÒSANYÌN: Divindade das folhas, ligada à cura e a magia (possui grande ligação com Ìyámi Òsòròngà), cultuado para que sempre tenhamos saúde, divindade bastante cultuada por Curandeiros (Onísegùn) e Magos (Olóògùn).

AKÓGÙN: Divindade relacionada com a magia e com Òsanyìn, cultuada para aumentar poderes de magia.

EDAN: Divindade feminina, primordial, filha de Alálè (Ìyámi Ayé), cultuada na Egbé Ògbóni. É cultuada para que haja equilíbrio terrestre e vida longa.

SÒNPÒNNÁ/OBALÚAYÉ/BÀBÁ OLÓDE: Divindade da terra, da quentura, da febre e das doenças contagiosas. Cultuado para evitar doenças e morte, também está relacionado à prosperidade.

ÒSÙMÀRÈ (ESÙMARÈ)/EJÒLÁ/ARÁKA: Divindade do arco-íris e da transformação, relacionado às águas da chuva e às águas dos rios, é a divindade responsável pelo fluxo das águas no mundo (Àiyé). Está também relacionado à Lua (Òsùpá), muito ligado a Omolú, quando cultuado por seus devotos, ajuda o ser humano a melhorar de vida, prosperar, enriquecer.

IJÒKÚ: Esposa de Òsùmàrè, divindade cultuada junto ao mesmo, gerando o equilíbrio de sua energia, cultuada para proporcionar vida longa e prosperidade.

YÈWÁ: Divindade feminina, do rio Yèwá em Egbádo, relacionada às serpentes, a Òsùmàrè e a Òrúnmìlà, alguns acreditam ser esposa de Obalúayé. É cultuada para trazer serenidade.

OLÚWÉRÉ (ÌRÓKÒ): Divindade cultuada aos pés do Ìrókò — árvore sagrada, faz tanto o bem quanto o mal, ajuda as mulheres a engravidar e aos homens a terem vida longa, mas também é capaz de provocar a hemorragia e o aborto. No Brasil, foi apenas chamado de Ìrókò. Deixamos claro que, mesmo Olúwéré sendo uma Divindade cultuada aos pés do Ìrókò, a Igi Ìrókò (Árvore Ìrókò) possui suas particularidades dentro do culto.

OYA/ÌYÁSAN/ABORÍMÉSAN: Divindade feminina, do rio Oya (Niger), uma das esposas de Sàngó, a preferida, sempre cultuada junto ao mesmo, é ligada aos ventos e aos nossos ancestrais (Egún), tem força para trazer bons acontecimentos, cultuada para purificação e força de realização.

OBÀ: Divindade feminina, do rio Obà, uma das esposas de Sàngó, que lidera a Egbé Elékò (sociedade composta apenas por mulheres guerreiras — amazonas), cultuada para que não haja desentendimentos no casamento.

DÀDA ÀJÀKÀ: Irmão mais velho de Sàngó, foi um dos reis (Aláàfin) de Òyó, é cultuado para trazer liderança, principalmente as lideranças justas e pacificadoras, está ligado às crianças que nascem de cabelo enrolado, chamadas de Dàda. No Brasil, Àjàkà passou a ser cultuado como um título (qualidade) de Sàngó, mas não é, e sim seu irmão, de personalidade bem distinta inclusive.

AGONJÚ: Filho de Àjàkà, foi também um dos reis (Aláàfin) de Òyó. Está ligado à terra e aos vulcões. No Brasil, é cultuado também como um título (qualidade) de Sàngó (Olùfínràn), mas não é, é uma divindade distinta, tal qual seu pai. Cultuado para trazer força e vencer inimigos.

BÁYÀNNÌ: Irmã mais velha de Sàngó, ajudou ele a se tornar rei de Òyó, tem força para levar o homem à fama e é cultuada por seus devotos para tal.

ÒRÁNMÍYÀN: Grande rei, filho de Odùdúwà (o patriarca dos Iorubás) e pai de Báyànnì, Àjàkà e Sàngó foi o primeiro rei de Òyó. No Brasil, assim como Àjàkà e Agonjú, é cultuado como se fosse título (qualidade) de Sàngó, mas é uma divindade distinta do mesmo, seu PAI e ANCESTRAL. Òránmíyàn é cultuado para que haja liderança bem-sucedida e paz.

ÌBEJÌ/ÈJÌRÉ/EDÚNJOBÍ: É a Divinização dos Gêmeos, ou seja, Gêmeos que se tornam divindades. Divindade que protege os gêmeos. Divindade da Dualidade de uma forma geral. Cultuado por famílias, pais e irmãos que possuam gêmeos na família, propiciam bênçãos e realizações em todos os sentidos.

ÌDÒWÚ: É um aspecto de Èsù que está relacionado à Ìbejì. Representado pela criança que nasce após os gêmeos. Toda pessoa que cultua Ìbejì tem que cultuar Ìdòwú também, para que haja a realização do que foi pedido a Ìbejì.

KÓNKÓTO (KÓRI): Kóri é uma divindade não conhecida no Brasil (Candomblé). Em Cuba (Santeria), é considerada uma Oxum. Kóri é uma divindade jovem (Èwe) e protetora dos jovens. É considerada uma jovem caçadora, protege os jovens e também as crianças órfãs e adotadas.

ARÁGBÓ (EGBÉ): É uma sociedade composta por espíritos amigos que encontram-se em sociedades no Òrun (espaço espiritual), liderada por Ìyálóde e Jàgùn. Propiciam a seus cultuadores, alegrias, bem-estar, amizades, boa convivência social e realizações.

EGÚNGÚN: É o Culto aos Ancestrais Masculinos, cultuado tanto por homens, quanto por mulheres, para o aperfeiçoamento familiar e social.

GÈLÈDÈ: É o Culto aos Ancestrais Femininos, realizado de maneira coletiva, cultuada tanto por homens, quanto por mulheres, para o aperfeiçoamento familiar e social.

ÌGUNNOKO: Divindade da Agricultura, está relacionado aos Ancestrais Masculinos e Femininos de modo coletivo. Cultuado para proporcionar boas colheitas, fertilidade à terra e às mulheres. Comunhão com os ancestrais e paz social.

AGEMO: É uma sociedade masculina.

ORÒ: É uma sociedade masculina, completamente restrita a homens.

ÌYÁMI ÒSÒRÒNGÀ/ELÉYE/EYENÍMÒÒRÈ: Divindade feminina, da magia e bruxaria, Deusa das Feiticeiras. Aspecto negativo da grande Mãe Odùa. Cultuada de maneira apaziguadora, para proteção contra o mal, contra feitiços e para barrar o mal advindo de Àjé (feiticeira) e Osó (feiticeiro). Divindade bastante perigosa. CUIDADO.

# PEQUENO GLOSSÁRIO AFRO-RELIGIOSO

## A

Abebê — Objeto de uso ritual.

Aculturamento — Perda de identidade étnica.

Adaga — Arma branca de lâmina.

Aiê — Mundo, Planeta Terra.

Alafim — Qualidade do Orixá Xangô.

Alakétu — Personagem Mito Iorubá.

Apaxorô — Instrumento de Oxalá.

## B

Babá — O mesmo que Pai em Iorubá.

Banto — Grupo linguístico africano.

Bigorna — Ferramenta de Ogum.

Búzios — Conchas marinhas.

## C

Candomblé — Rito afro-brasileiro.

Cauris — Búzios.

Clã — O mesmo que grupo étnico.

## D

Dahomé — Cidade africana.

Diáspora — Dispersão de um povo.

## E

Eunucos — Homem castrado.

Eguns — Espíritos.

Eruexim — Objeto de uso ritual.

## F

Forja — Fornalha.

Funfun — Branco.

## G

Grunsi — Povo africano.

# H

Hotentotes — Habitantes da área subsaariana.

Humbone — Cargo religioso.

# I

Ibiri — Objeto de uso ritual.

Ifé — Cidade religiosa de Ioruba.

Ilê — Casa.

Islamismo — Religião mulçumana.

# J

Jacutá — Qualidade do Orixá Xangô.

# K

Ketu — Cidade de Ioruba.

# L

Legba — Voduns.

Logunedé — Divindade Iorubá.

# M

Monoteísta — Adoração de um único Deus.

# N

Nagô — Povo Ioruba.

Nação — Grupo Étnico.

# O

Oba — Cargo religioso.

Odudua — Divindade Iorubá.

Oió — Cidade Iorubá.

Ofá — Objeto de uso ritual.

Ogã — Responsáveis pelos toques dos atabaques.

Olocum — Divindade dos Oceanos.

Olodumare — Deus Supremo.

Olorum — Olodumare.

Omolocô — Rito afro-brasileiro.

Orixá — Divindade Iorubá.

Orum — Céu.

Oxaguiã — Oxalá Jovem.

Oxalufã — Oxalá Velho.

Oxé — Machado duplo.

# P

Panteísta — Adoração da natureza como uma divindade.

Patrilinear — Passando de geração a geração.

Peregum — Planta ritualística.

## Q

Quimbundo — Língua africana do troco linguístico banto.

## R

Religião — Culto prestado a uma divindade.

## S

Sincretismo — Junção entre deuses africanos e santos católicos.

## T

Terreiro — Espaço onde são praticados os ritos afro-brasileiros.

## U

Umbanda — Religião afro-brasileira.

## V

Voduns — Divindades da nação Jeje.

# X

Xaxará — Apetrecho usado pelo Orixá Obaluaê.

# Z

Zambi — Deus dos Bantos.